너를 본 듯 바람이 분다

시에시선 **085**

너를 본 듯 바람이 분다

안용산 시집

詩와에세이

시인의 말

바람은 늘 차이를 생성하는 변화 그 자체라고 합니다.
바람과 바람으로 힘을 실어준 좌도시와
삼남제약 김호택 회장님께
감사드립니다.

2024년 가을
안용산

차례__

시인의 말 · 05

제1부

내려칠 때 너를 보았다 · 13
나 아닌 나를 노린다 · 14
그랴, 너는 바람으로 온다 · 15
산수국 · 16
너는 쓸쓸하지 않았다 · 17
나 아닌 너를 부른다 · 18
풀씨로부터 · 19
너는 그렇게 무작정이다 · 20
겨울나무 · 21
뿌리로부터 · 22
산꽃세상 · 23
꽃그늘 · 24
마실 · 25
산길 · 26
그때 너를 보았다 · 27
또 하루 그렇게 간다 · 28
너는 꺾이지 않는다 · 29

제2부

모닥불 · 33
어둠으로 햇살을 키운다 · 34
시작이다 · 35
그때가 온다 · 36
알아주지 않아도 온다 · 37
이때와 그때 사이를 흐른다 · 38
땅콩을 캐면서 · 40
바람이 먼저 일고 있다 · 42
그늘이 있어 햇살이다 · 43
구멍이 하늘이다 · 44
줄이 줄로부터 · 45
피지 않은 꽃처럼 · 46
감자가 그랬다 · 47
바람이 전하는 편지 · 48
그때 그 길이다 · 50
돌개바람 · 52
문득 새가 운다 · 53

제3부

꿈이었어라 · 57
서둘러 너를 태운다 · 58
곧 다가올 물살이다 · 59
꽃구경 · 60
오늘도 걷는다 · 61
두레박 · 62
우리 사이 · 64
입산 · 65
다람쥐가 보이지 않는다 · 66
섬 · 67
먼 마을 · 68
활골에서 · 69
그때가 있어 다른 바람이다 · 70
아픈 손가락 · 71
대둔산 생애봉 · 72
개똥벌레로부터 · 74
그래서 나를 보았다 · 75
시간의 그림자 · 76

제4부

너는 무엇으로 만나 우리가 될까 · 79
네가 바로 여울이다 · 80
너를 다시 만나려 하는 것은 · 81
그때가 있어 부딪친다 · 82
여울은 화살처럼 흐른다 · 83
혼자 가는 길 · 84
너는 따로 함께 넘는다 · 85
너는 이렇게 없이 있다 · 86
너는 다르면서 같은 때였다 · 87
명주포여울에서 · 88
어실녘여울로부터 · 90
서로 부딪쳐 끝내 여울이다 · 91
농박골여울 · 92
용화여울 · 93
장구목여울 · 94
취병협여울 · 95
여울 따라 흐른다 · 96
그래서 강돌은 둥글다 · 98

시인의 산문 · 99

제1부

내려칠 때 너를 보았다

빤히 쳐다보고 있다

내려친다
도리깨로 내려칠 때마다
털어지는 알콩들 사이로 보았다
털어지지 않는 콩깍지를 보았다
어여어여 더 세게 내려치라구 빤히 쳐다보고 있다
콩깍지 속 알콩이 나를 노려보고 있다
콩깍지를 빠져나오지 못하구 있는 지금
나를 버리지 말구 어여 나를 치라구
아픈 허리 세울 때까지 내려치구서야 비로소
콩깍지 벗고 털어지는 알콩을 봐라

부릅뜬 나를 본다

나 아닌 나를 노린다

콩타작 마당
바람이다

도리깨질 급하게 꺾는다
꺾일 때마다 바람이 먼저 알아
이곳저곳으로 흩어진다 바람은
돌고 돌아 돌다보면 끝내 모아지기 마련이다
모아지면 모아질수록 점점 스러지더니
알콩과 콩깍지로 노려야 할 때가 되었다
노리면 노릴수록 드러나는 콩처럼
서로 너를 노린다

나 아닌 나를 노려야 할 때였다

그랴, 너는 바람으로 온다

씨앗 하나
날아왔다

올 디가 아닌 옥상으로 왔다
바람 데리고 왔다
바람처럼 지 맘대로 돌다
바람 따라 일어선다
바람 따라 잡으려 온몸으로 바람처럼
살짝 다가가 손을 뻗으면
바람처럼 잡히지 않는다
여기가 있을 디 아니라는 것을
알고 있는 것처럼
돌구 돌아 잡히지 않는다

그때가
오면 알 것이라구
뜬다

산수국

바람은 불지 않았다

바람처럼 꽃이 핀다
꽃으로 피어도 끝까지
헛꽃으로 있어야 했다
바람 속으로부터 바람을 부르듯
벌과 나비 불러들인다
불러들여 지는 수정을 하지 않구
잘 보이지 않는 그 꽃 수정을 마치면
지 스스로 바람인 듯
고개를 꺾어 너를 키운다

서로 부딪쳐야 할 바람이었다

너는 쓸쓸하지 않았다

떠날 사람 다 떠난
마을이다

언제 찾아올지 몰라
그 모르는 것 때문에
너는
쓸쓸하지 않았다

까치밥이다

나 아닌 너를 부른다

마땅히 있어야 했다

그 틈이 있어
추우면 추운 대로 더우면 더운 대로
서로 부딪치는 힘으로 좁히고 벌려 마침내
의지하여야 할 벽이 되었다
돌담이다

나 아닌 나를 보았다

풀씨로부터

빈터가 아니면 쫓겨난다

운 좋아 빈터였지만 더러
뒤늦게 다른 것을 만나
여지없이 뽑히고야 마는 지금
올 때가 아니었다
아니라 해도 소용없다 이제
그렇다 하자 뒤늦을수록 거듭
부딪쳐라 보일 때까지
너는 늘 뒤늦게 온다

빈터가 아니면 갈 수 없다

너는 그렇게 무작정이다

신안사 주차장 앞이다

무슨 인연으로 거북바우에 제비꽃 피었다 바람처럼 그때가 되면 모습을 보여주는 너를 만나 생각지도 않았던 꽃구경 하는 봄날이다

너는 그렇게 무작정이다

겨울나무

잎 하나를
줍는다

잎 하나 주우니 또 잎이 나타나 잎 둘을 줍고 두 잎을 따라 잎 셋이 또 보인다 그렇게 나뭇가지가 흔들리고 있었다 바람도 불지 않는데 흔들리듯 누가 속으로 흔들고 있었다

너는 그렇게
바람이었다

뿌리로부터

밭둑으로
두 줄기 물이 서로 부딪쳐
억새를 키우고 있다

해마다 감자를 심으려 할 때
실하게 뻗어 들어온 뿌리와 부딪친다
뽑으면 뽑을수록 더욱 번지는 뿌리가 없다면
어떻게 그때를 알겠느냐
물이 넘쳐 밭이 휩쓸려 나가고서야 보았다

너를 보았다

산꽃세상

산안 매너미 계곡이다

마을 사람들이 섬겨 받드는 소나무 신목이다 애초 두 그루 였는디 어느 해 알 수 없는 바람에 쓰러져 뽑힌 뒤부터 혼자 남아 그리움처럼 물소리만 키우고 있었다 하루도 거르지 않는 물소리도 지쳐 멈춘 계곡 한가운데 바위 그 자리라 하였겠다 솔씨 하나 솟아 바람을 키우고 있었다

당신이던가

꽃그늘

구름 한 점 없이 가물었다

자귀꽃 피자 구름처럼 몰려와
비 그칠 줄 모르고
장마가 든다
한번 진 장마
쉬이 그치지 않았다
잊었다 해도 지워지지 않는
몸속에 박힌
상처였다

이제 늘 몇십 년만이라고 말해야 하는 폭우처럼
부딪치고서야 비로소 알 수 있는
바람이다

마실

바람이다
숲속 바람이다

상수리나무와 갈참나무 서로
저렇게
다른 바람이다
보아라
또 다른 나무들 있어
바람 소리 더
출렁인다
저처럼 서로
다르지만
함께 할 마을이었다

너를 보려는
바람이다

산길

저기 저
저렇게
다른 무늬를 보았다

무늬가 다르면 서로
산비탈
기울기도 달랐다
기울기에 의지하여 오르내려야 했을
가쁜 호흡이다
닳고 닳아 둥근
저 드러난 뿌리도 뿌리지만
숨어 견디고 있을
뿌리여!

너에게로 가는
길이다

그때 너를 보았다

그 흔한 호박
구경하기조차 쉽지 않았다

봄이다 이렇게 빠른
봄이 올 줄이야 알았겠어
밤낮 가리지 않는 날씨처럼
잎을 내고 달아 키웠지
그런디 누가 알았으랴
날씨도 저 스스로 어쩌지 못한다는 것을
부딪치고서야 안다는 것을
뒤늦게 추위 알게 된 호박들
제풀에 꽃눈 지우고 있었다는 것을

너는 그렇게 온다

또 하루 그렇게 간다

냇가에
얼굴 씻는다

밭을 갈 때마다 나오는 돌이던가
골라내어도 보이지 않는 돌뿌리처럼
하루하루 부딪쳐 물살이 되어
고개를 들고 온다
고개고개 겨우 넘어
나를 부르며
온다

일 끝난 저물녘
세차게 너와 부딪쳐
어둑어둑
집으로 간다

너는 꺾이지 않는다

까죽나무

잎만 따지 않고 가지 채 꺾는다
꺾을수록 돋아 오르는 새순처럼
잊을 수 없는 향기를 품는다
너무 진한 향기라고 먹지도 않는데
이곳에서는 젯상에도 오르는 까죽적이다
꺾이고 꺾여 마침내 죽을 때 뿌리는 또
다른 뿌리로 뻗어 진한 향기 살리고야 만다

꺾어라!

제2부

모닥불

이루지 못한 것들
하나하나 부르며 타오르는
섣달그믐 매굿 모닥불이다

돌무가 돈다 돌아라
고비 고비 한 고비 넘기려 돌무가 돈다
그려 앉아 있지 못하는 구경꾼들 덩달아
내고 달아 신명이 돈다
그렇게 돌고 돌다 보면 끝내
판이 판을 부르며 고비를 넘는다
고비 고비 넘어 타오르던 모닥불도
맺어야 하는 그때가 온다

풀어야 할
기다림
하얀 재로 타고 있다

어둠으로 햇살을 키운다

어둑어둑 길을 만들며 걸어가다
멈췄다
새가 운다

주위는 모두 제자리에서 어둠을 붙들고
집은 집대로 나무는 나무대로 얼어 있었다
어디에 있을까 그렇게 조심조심 어둠을 털어내고 있을 때 보았다
어둠이 걷히면 걷힐수록 더욱 드러나는 어둠을 보았다
기와지붕 처마 밑 틈을 찾아 스스로 어둠이 된 참새 떼를 보았다

새벽이다

시작이다

지난겨울 그랬다

겨울이 겨울 아닌 것을
그렇다고 봄도 아닌 것이
갈 데 없어
심심하였다

그런 소리 들으면
그게 아닌데 하면서 찬바람 불기도 하여
아주 가지는 않았구나 했겠다

내밀지 않는
고개였다

씨앗은 알고 있었으리

그랴,
80년 만에 첨이라구

그때가 온다

지금은
눈이 올 때이다

와야 할 눈이 아니라
저처럼 비만 오는 것은
오는 것이 아니다

오지 않는다는 것을 이미 알고 있었다

아무리 오더라도 결코 쌓이지 않는다

쌓인 눈 번쩍 헤집고
씨앗 세워야 할 때
그때가 온다

그때 비로소
씨앗이다

알아주지 않아도 온다

벚꽃이 폈다
서둘러

이제껏 보지 못한 힘으로
부딪치는 벌떼를
보아라

꽃과 벌 서로
다급하게 키우는
바람이었다

그렇게 우리는
놀랬다

너는 이상기온이라는 말보다 빨리 왔다

그려, 알아주지 않아도
온다

이때와 그때 사이를 흐른다

솟아올랐다
금산천 용머리소에
올랐다

무엇일까 아무리 보아도 물고기는 보이지 않았다
왜 저것이 있는지 궁금한 물음처럼
나뭇잎이 오르고 그 끝을 도토리가 따른다
지들도 놀랬는지 달아났다 늦게 몰려드는
중태기 새끼 떼를 보아라 먹이처럼
물속에 묻혀 있는 이파리 헤집다
제풀에 놀란 송사리 그렇게 부딪치더니
나뭇잎보다 먼저 도토리가 내려가고 있다
폭우에 밀려 지가 살아야 할 땅을 떠났던 때처럼
급한 물살을 따라 흐르고 있다
제 몸에 새겨진 기억을 찾아 떠나는
이때가 있어 씨앗이 되리라

그때가 되면

내려라

땅콩을 캐면서

땅콩밭
줄을 띄운다

띄운 줄 따라 파나갈 때
줄은 이미 줄이
아니었다

또 하나 줄이 생길 때마다
줄이 삐뚤어진 것을
보았다

삐뚤어졌어도 서로를 밀고 당겨
때가 되면
반듯해진다

캐어 보니 반듯한 줄로
우르르 몰려 있는
땅콩이다

그때가 바로

씨앗이다

바람이 먼저 일고 있다

밖에 있다

안으로 들어가려는 순간 벌레 한 마리 문 앞에 있는 것을 보았다 필시 저 놈이 먼저 들어가면 어찌할까 문을 열자마자 먼저 들어가야지 그렇게 문을 닫았다 아뿔싸 바람처럼 안으로 먼저 들어가 있었다

늦었다

그늘이 있어 햇살이다

골목이다

보는 사람 없어 심심했는지 담장 안 풀들 틈을 만들며 고개를 내민다 아직두 이렇게 살아 있다구 어쩌다 지나가는 바람처럼 사람을 구경하구 있다

그렇게
그늘을 키운다

구멍이 하늘이다

깨졌다

뒈니 장독대 깨진 것들만 놓여 있다
깨지지 않았으면 벌써 사라지구 말았을 게다
그래서 너를 보았다
깨진 떡시루 엎어진 구멍이다
구멍만큼 단풍나무를 키우고 있었다

구멍으로 바람이 들어왔다 나갔다

줄이 줄로부터

담장에 다래를 심었다

긴 장마 햇살 보지 못해도 스스로 잎을 만들고 줄기를 뻗어 담장에 매어 놓은 줄을 타고 오른 어느 날 줄기가 꺾였다 그렇게 몇 번을 꺾이고 꺾일 때마다 잎이 잎끼리 서로 부딪쳐 또 하나 줄기를 만들고 있었다

꺾이면 꺾일수록 끝내
꺾을 수 없는 줄이 되었다

피지 않은 꽃처럼

보곡산골 산꽃세상
오른다

꽃이 핀다는 예보 따라 꽃을 찾아 오른다
꽃 피지 않아 바람만 탓하고 있었다
아직 피지 않은 꽃 따라
아쉬움으로 오르다 기우뚱
비탈 바람처럼 나뒹굴어
피를 보고야 말았다

여지까지 겪지 못한
바람이었다

감자가 그랬다

감자를 캔다

알이 굵은 감자들 조용하다
먹을 사람 없으니 심을 사람 없어
사라진 재래종 감자처럼 이제
때도 없이 심고 키운다
때가 없으니 그때가 사라지고
씨감자가 사라지고 있다

시끄럽다

바람이 전하는 편지

큰길에 몰려 있는
꽃잎이다

나무도 없는데 누가
이곳에 모아
놓았을까

골목길로 돌아 비로소
벚나무를 보고
알았다

꽃잎은 떨어지는 것이 아니라 저렇게
바람을 몰고 와
쌓여 있구나

알았어!

어떻게 살고 있느냐

너의 소식
묻는다

그때 그 길이다

길을 가다가 간혹
그 사람을
만난다

뒷걸음으로 걷는
사람이다

왜 보느냐는 듯
늘 거꾸로
온다

움직일 때마다 당당한
바람이다

하직 인사를 하고 상여꾼들
뒷걸음으로 나갈 때
왈칵 쏟아져 애달픈
그 길

지우던 바람이었다

거꾸로
생생하게 나아간다

돌개바람

고추밭 두둑을 고른다

고를수록 드러나는 돌을 자루에 넣는다 무거운 돌자루 두둑 위에 올려 이렇게 하면 나중에 고추 모종을 할 때 심기 좋을 것이여 그 생각 질질 끌고 있다 그걸 본 엄니 혀를 차신다 오는 비가 제대로 흙 속으로 스며들어야 하는디 그렇게 하믄 비가 스미지 않을 것이구 외려 단단해지는 것이여!

돌개바람이다

문득 새가 운다

처마 아래
깃털이다

태풍은 부딪쳐 무엇이라도
흔적을 남겨야
태풍이다
저것은 필시
태풍처럼
서로 부딪친
몸부림이다
지난밤 바람은 불지 않았다

문득
새가 운다

제3부

꿈이었어라

대추나무 대추가
이상하다

기나긴 장마에도 햇살이 비친 가지 그런대로 있지만 건물에 가려 그늘진 쪽에는 대추가 열리지 않았다

사실이었다

서둘러 너를 태운다

누가 볼까
탄다

지난여름 내내 비가 오더니 잎만 키워 거꾸로 한 톨도 거두어들이지 못해 불로 타고 있다 지난해 거두지 못한 주녀리 콩이었다

지 몸을
태워버린다

곧 다가올 물살이다

태풍으로 드러난
옛 물길이다

아직도 여기에 있는 것처럼 부딪쳐 흐른다
그렇게 다가와 보이지 않아도 소리가 되어 부서진다
부서지고서야 언뜻 보이는가 싶더니 순간 가쁘게 사라진다
사라지면서 남긴 물살이었다
물살은 예나 지금이나 저 스스로 태초였다

곧 다가올 물살이다

꽃구경

봄이다
꽃구경 간다

일찍 피었다는 홍매 서둘러
서둘러 보고 싶었다
화엄사 홍매도 있었고
쌍계사 홍매도 보았다
별다른 속내를 보이지 않던
엄니 얼굴 달라졌다
매화마을 펼쳐 있는
그 흔한 꽃 잔치를 보고
엄니가 봄처럼 웃는다

그때서야 비로소 그 드물다는
홍매가
보이기 시작하였다

오늘도 걷는다

아니다

신발이 눈에 보였다 밖으로 향한 신발이다 늘 안으로 향하였던 신발이 오늘은 아니라는 듯 먼저 기다리고 있다

그렇다

두레박

풍덩

너의 소리를 듣기 전에는
깊이를 알 수 없어
불안하였지

그 불안을 길어 올려야 비로소 너는 우리가 되었다

간이 상수도처럼 각각
누구는 도시로 떠나고
누구는 남았지만
서로를
잊기 시작하였지

요양원에 입원한 할머니
버릇처럼 물 긷는
시늉으로
너를 부른다

풍덩

우리 사이

보석사 은행나무

나 혼자
잘 살겠다는 세상이다
그게 아니다
서로 너를 살리겠다구
부딪쳤다
그렇지 않고서야 어찌
천 년을 살아
나를 볼 수 있었겠느냐

그렇게 우리는
하나다

입산

빈 마을이다

논과 밭 땅심 키우려 떡갈나무 신갈나무 졸참나무 바닥 풀로 깔던 넉넉한 사람이었다 사람들 떠나 들어갈 수 없어 키우면 키울수록 서로 힘을 쓰지 못하는 나무들만 쩔어 빈 숲이다

베어버려라

다람쥐가 보이지 않는다

올 때가 되었다

앵두 익으면 나타나 앵두 씨앗만 먹고 빨갛게 뱉어내었다 그게 그냥 보기 싫어 쫓았다 아무리 쫓아도 그때가 되지 않으면 사라지지를 않았다 그때가 아닌지 앵두꽃 서둘러 이미 졌고 앵두도 영글지 않았다

갈 때를 몰라 올 때를 모른다

섬

다시 가야 한다

함부로 넘을 수 없는 길이었다
그래서 더욱 기다려지는 네가 있어
넘을 때마다 서로를 키우는 그늘이었고
그곳에 사는 사람들은 섬인 줄 몰랐다

점점 소문만 키우는 그림자처럼
그 경계를 짓는 사람들은
섬이라 부른다

먼 마을

한 사람 이사를 갔다

또 한 사람
이사 온 줄도 모르게
많은 사람들 살고 있다
저처럼 많아질수록
사람과 사람 사이
서로
멀어져 간다

마을 하나 사라지고 있다

활골에서

찾는다
화살을 찾는다

늘 보고 들었던 것이 아니라
부딪치고서야 드러나는 그때
그 바람을 따라 바람으로 오른다
여기저기 다른 바람으로 부딪칠수록
알 수 없는 힘은 솟아
그 중심이 된다
날마다 생생한 화살이다
다르지만 같은 과녁을 향하여
서로를 키우는
예림(藝林)이었다

활골이다

그때가 있어 다른 바람이다

인삼을 심는다
비스듬히

45도 각도로 심어
그 누운 각도로
땅속 바람 분다
바람 불 때마다 햇살도 따라와
꿈틀꿈틀 뿌리를 내린다
뿌리를 내리다 끝내
뿌리는 스스로 햇살을 키운다
단단한 돌을 만나 부딪칠 때면
제 몸에 새겨진 그 각도의 기억은
또 다른 바람을 불러
생생한 잔뿌리로 내린다

그때가 있어
금종삼이다

아픈 손가락

내린다

3월에 눈이 내린다 내리는 눈은 때를 아는지 좀처럼 쌓이지 않고 녹았지만 유독 그 자리만 쌓이고 있다 제아무리 바람이 불어도 지우지 못하는 그늘처럼 그때가 떠올랐다

서로 네가 될 때 비로소 내가 되었다

대둔산 생애봉

벼랑이다

벼랑 끝
아스라이
나무로 있다

뿌리는 잎에게 잎은 뿌리에게 서로
벼랑이라고 말을 하지 않았다
말을 하지 않아
저 스스로 벼랑인 줄 모르면서
나무로 크고 있다

세상에 하나뿐인 소나무
바람 불어
길을 만들고 있었다

나를 비우고 생애바위로 오른다

벼랑이다

개똥벌레로부터

빛이다
달빛이 없는 날이어야 빛이 난다

캄캄한 숲으로 갔다
스스로 어둠으로 무너져
서로를 분간할 수 있을 때까지 기다렸다
그때였다
문득 두 빛이 만나 한 덩어리
빛으로 부딪쳐 놀다 어둠 속으로
사라지는 너를 보았다

보이지 않아 더욱 환한
어둠이었다

그래서 나를 보았다

멈추지 않았다
어둠이다

어둠이 어둠으로 부딪쳐
빛을
기억하고 있다 그렇게
뇌경색으로 왔다 갔다고 하였다

손님이었다

시간의 그림자

이제 잊을 때가 되었다

문밖을 나가다가 순간 어떤 그림자를 보았다
대숲을 흔들고 급하게 사라진 저것은 무엇일까
대숲은 여전히 흔들리고 있었고 흔들릴수록
높이 올라가는 굴뚝 연기 급하게 휘어지는 그때
햇살이 반짝 스쳐 갔다

그것은 잊으려 할 때마다 부는
바람이다
네가 바로 바람이었다

제4부

너는 무엇으로 만나 우리가 될까

물살은 모양이 없다

바람으로 부딪쳐 돌고 돌아 땅을 만나 땅이 되었고 강을 만나 강이 되었고 돌을 만나 돌이 되었고 물고기를 만나 물고기가 되었고 사람을 만나 사람이 되어 끝내 여울이 되었다

너는 무엇으로 만나 우리가 될까

네가 바로 여울이다

금강

여울을 찾는다

산과 산 사이 폭이 좁아 물살이 세차게 흐르는 곳이다
흔히 그렇게 말한다
아니다
드러나지 않고 속으로 숨은 돌들이 물과 부딪쳐 서로
물살이 되어 물고기를 부르고 사람을 부르는
탯자리였다
부딪치면 부딪칠수록 더욱
서로를 살리는 세상

네가 바로
여울이다

너를 다시 만나려 하는 것은

여울은 그렇게
흐른다

끝내 보내야 했던 그때처럼
물안개는 몸을 풀고
지워지지만
늘 새벽을 깨우는
저 물살은 지울 수 없다
강물이 돌을 만나
서로 부딪친다 이렇게
숨겨 있는 너를 만나
나를 알게 하는 것이라고
처음인 듯 벅찬 소리로 부른다

저처럼 부딪쳐 돌고 돌아
피어오르는
너를 부른다

그때가 있어 부딪친다

부딪쳐라

여기에서는
부딪치지 않으면 흐를 수 없다
지금까지 없던 힘으로
물살과 물살 사이 거꾸로 오르는
감돌고기 물살을 보아라
부딪칠 때마다 새겨지는
그때
너를 부른다

끝내 태어나려고 하는
몸짓이다

여울은 화살처럼 흐른다

힘들다 말두 못해

여울에 오면 왜
오늘도 말을 하지 못했느냐 소리를 듣는다
들으면 들을수록 물이 돌을 넘고 돌이 물을 넘어 서로
부딪치는 물살을 본다 제아무리 보아도 여전히 알 수 없는 말이
화살처럼 물소리로 꽂히고 있다

저를 잊어야 화살이던가

혼자 가는 길

저 혼자 걷는다

무엇인가 있을 것 같아
멈춘다
멈춘 뒤에야 드러나는
여울
그 물소리처럼
나타나는 부끄러운 일 다시 들어보니
하나둘이 아니다
보이지 않는 일처럼
숨어 있는
너를
부르고 있다

저 혼자 가는 길이 아니었구나

너는 따로 함께 넘는다

물고기들이 오른다 세차게

세차게 오르지 못하면 살지 못하는
처절한 속도로 오른다
물살의 힘보다 빠르다
왜 이렇게 넘어야 하는지
저들은 알고 있었나
부딪치고 또 부딪쳐 마침내
저 스스로 물살이 되고 돌이 되고서야
보았다 숨어 있는 너를 보았다
따로 함께 넘어야 하는 물턱이다

우리 시대 역병이다

너는 이렇게 없이 있다

배를 타고 간다

가면 갈수록 흐르는 물처럼
산을 지나 또 다른 산이 되어
배를 당기고 있었다
물속 바위를 보고 급하게
노를 젓기 시작하였지만
아무리 노를 저어도 배는
물살을 외면하지 못하고 흘렀다
드러난 돌처럼 돌고 돌아
물살이 배를 이끌고 있었다
배를 타고 물살이 되고서야
옛 물살이 남긴 그때
사라진 여울을 넘고 있었다

너는 이렇게 없이 있었다

너는 다르면서 같은 때였다

세찬 물살이
돈다

세찬 물살을 따라 물고기들이 돈다
그렇게 숨어 있는 물살이 물살을 넘어 돈다
서로를 분간할 수 없는 다급한 속도로 돌고 도는 물살을 보아라
저처럼 다르면서 같은 물살로 부딪쳐 돈다
꺽지와 감돌고기 서로 돌아 알을 키운다

같으면서 다른
때였다

명주포여울에서

금강 흘러 흘러 내리다
양각산과 갈선산 사이 여울져 굽이친다
서로 부딪쳐 하얀 돌 옥양목 펼쳐 놓은 듯
명주포여울이다

물살 바뀌어 물소리 보이지 않고
보이는 것은 여기저기 돌뿐이었다
다르지만 모두 둥근 돌이다
무엇이 이토록 돌들을 둥글게 하였을까
세찬 물살이 그랬으리라
짐작처럼 사라진 물살이 남긴
다른 무늬들을 본다
돌과 물이 부딪쳐
물살이 되고 물소리가 되어 서로
새긴 생생한 무늬를 본다

참고 견디며 생생하게 부딪쳐 돌아보는
그러나 끝내 떠나보낸 그때처럼

너를 본 듯 바람이 분다

어실녘여울로부터

돌과 물 부딪치면 부딪칠수록
더욱 드러나는
구석이다

산과 산이 서로 다르면서도 그렇게
굽이쳐 산줄기로 이어지고야 말 듯
물과 물이 서로 다르다 하면서도 이렇게
끊이지 않아 강물로 흐르고야 말 듯
끝내 구석으로 출렁인다
날이 어두워지면 어두워지는 대로
날이 밝아지면 밝아지는 대로
어실녘 굽이치고 있었다

다르지만 같은 햇살로
부딪쳐 드러나는
물길이다

서로 부딪쳐 끝내 여울이다

여직껏 겪지 않은
물살이다

사람이 가둔 댐 속에서 제 몸을 가누지 못해 터져버린 물살이다
한꺼번에 터진 물살은 부딪치는 것을 잊고 강둑을 넘어
논밭을 휩쓸고 여울마저 밀어내었다 밀려가다
밀려가면서 돌과 물은 제자리를 잡아가더니
늘 있어야 할 그때처럼 서로 부딪친다
이윽고 다시 살아난 물소리로 부르고 있었다

압수나루 새로 생긴
여울이다

농박골여울

당긴다

농바우 용줄
당긴다

물을 부르는 소리
점점
하늘에 오른다

오르면 오를수록 물살은 당겨진다

부딪쳐라
부딪쳐 살리는 그때
오고야 만다
그때가 바로 너이리라

당겨라

용화여울

저어라

미루고 헤아려
저어라

화살처럼 빠른 물살이다
속은 빠르고 겉은 느려
거꾸로 간다

거꾸로 가는 것이 아니다
아래로 흐른다
저어라

그렇게 스스로 저어
용강이다

너와 놀듯
저어라

장구목여울

넘는다

물이 물을
넘는다

금산천이 후곤천을 넘어 봉황천이 되고 기시내를 넘어 이제 다되었다 하였더니 조정천과 신안천 기다려 모두 어깨동무 넘으니 비로소 금강이다

굽이굽이 넘어
물내치다

다른 소리 서로
부딪쳐 하나를
두드린다

장구목이었으리

취병협여울

푸르다

하늘
오르는 벼랑
푸르다

양쪽 벼랑 서로 밀구 당겨 물살이 급하다

물살 돌고 돌아 푸른 병풍 이룬 곳
낮에도 달빛
흐릿하다

달빛은 저마다 다른 그림자를
물살처럼
부르고 있다

부딪쳐 너를
부른다

여울 따라 흐른다

꽃이 피니 서로 다른
물고기들 때를 알아
오른다

산수유 필 적 재개미 오른다
진달래 필 적 꽃고기 오른다
조팝나무 필 적 딸치 오른다
그려 때를 지들이 알아 따른다
쭌칭이와 창사니도 따른다
저절로 때를 알아 꽃이 피듯
물고기들 열흘 사이를 두고 오른다
언제부터인가 꽃들이 때도 없이
모조리 피기 시작하더니
물고기들 점점 줄어들기 시작하였다
물고기들을 따라 여울도 서로
밀고 당겨 강물마저 줄어들고 있다

우리도 저와 같이

드러나는 돌들을
본다

그래서 강돌은 둥글다

여울
모르는 사람에게
알려주려고

강가에 도착하니 여울은 보이지 않고
여기저기 돌들만 드러나 있었다
드러난 돌을 주워 요리조리
그렇게 아무리 찾아도 보이지 않더니
물소리 점점 가까워지기 시작하였다
세찬 물소리로 부르고 있었다

보이지 않는 돌과 물이 부딪쳐야
물살이라고
여울이 보여주고 있었다

시인의 산문

너를 본 듯, 바람이 분다

1

금강여울에서 '너'를 생각합니다.

금강은 전라북도 장수군 장수읍 수분리 신무산 동북쪽 자락에 있는 뜬봉샘에서 발원하여 서해로 흐르기까지 약 400km, 천 리에 이르는 물길입니다. 금산을 흐르는 금강은 무주와 접한 상류 유역으로 금산군 부리면 방우리 소이나루에서 제원면 원골 광석나루까지 직선거리로 삼십 리이지만, 전체 길이는 백여 리로 20여 개 여울과 소가 있어 예로부터 여울의 강으로 알려져 있습니다.

1611년 금산군수로 부임한 동악 이안눌 선생의 『금계록』에는 "5리마다 연못(소)이요 3리마다 여울인데, 한줄기 시냇물이 만 겹 산을 둘렀네. 배를 타고 종일 가도 댈 곳이 없는데, 이상한 새가 구름과 나무 사이에서 이따금 우짖네."라며 수십 개에 이르는 여울과 관련한 기록을 전하고 있습니다. 하지만 400여 년이 지난 지금 인위적으로 세운 댐이나 보에 의해 또 기후 변화에 따라 여울은 하나씩 하나씩 사라져갔습니다. 그 여울의 본색을 잃고 난 뒤에야 알게 된 여울을 보며 여울을 거꾸로 생각하게 되었습니다.

여울의 사전적 뜻은 흔히 "강이나 바다에서 바닥이 얕거나 폭이 좁아 물살이 세게 흐르는 곳"이라 풀이하고 있습니다. 바닥이 얕거나 폭이 좁아 물살이 세게 흐르는 곳이라면 모두 여울일까요? 이러한 풀이에는 중요한 사실이 빠져 있습니다. 물살이 세게 흐르는 곳이면 모두 여울이라는 것처럼 생각할 수 있기 때문입니다. 아니지요. 강이 얕거나 좁아 물살이 빠르게 흐르는 것은 바로 이 숨겨진 '돌과 바위' 때문입니다. 여울의 세계에서 숨겨진 돌이 없다면 여울도 존재할 수 없습니다. 숨겨진 돌과 바위가 있어 강폭이 좁아진 자리에 물을 만나 물턱을 이루고, 이 물턱이 있어 서로 부딪쳐 물살을 빠르게 합니다. 이렇게 '숨겨진 존재'가 여울을 만드는 것을 보며 여울이라는 존재를 새로 생각하였습니다.

여울은 숨어 있는 돌과 드러난 물이 저 혼자가 아닌 서로가 서로를 있게 하고 서로 부딪쳐 물살을 이루고 물살을 통해 물고기 등 여러 생명을 있게 하고 있습니다. 이처럼 여울은 각자이면서 한 몸입니다. 서로에게 '너'이면서 동시에 '나'인 존재로, 부딪치면 부딪칠수록 서로를 죽이지 않고 살리는 생명 그 자체가 바로 여울인 것입니다. 숨은 돌과 겉으로 드러난 물이 서로 부딪쳐 일으키는 '물살'은 여울을 가장 여울답게 하는 부분이자 전부이기에 스스로 존재하면서 자기 창조를 한다고 합니다. 그리고 그 숨은 존재는 우리도 '나만의 삶'이 아닌 보이지 않지만 어디에선가 있을 '너와의 삶'을 살아야 한다는 것을 역설하고 있습니다.

　금강
　여울을 찾는다

　산과 산 사이 폭이 좁아 물살이 세차게 흐르는 곳이다
　흔히 그렇게 말한다
　아니다
　드러나지 않고 속으로 숨은 돌들이 물과 부딪쳐 서로
　물살이 되어 물고기를 부르고 사람을 부르는 그런
　탯자리였다
　부딪치면 부딪칠수록 더욱
　서로를 살리는 세상

　네가 바로
　여울이다

　　　　　　　　　　　　　　ー「네가 바로 여울이다」 전문

그래서 여울처럼 보이지 않고 숨겨진 존재인 '너'를 만나 '나'를 알게 하는 부딪침이자, 그것도 미리 있어 부딪치는 것이 아닌 부딪치는 동시에 드러나는 존재, 그것이 이 세상을 살릴 힘이라고 생각합니다.

2

조선 시대에 이 숨겨진 세계가 드러난 세계를 있게 한다는 기학(氣學)으로 새로운 세상을 꿈꾸었습니다. 동학의 수운 선생은 이 숨겨진 세계를 '지기(至氣)'로 말하면서 "기(氣)라는 것은 허령하지만 창창하고 매사에 교섭되지 않는 것이 없고 모든 사태에 기의 명령이 간여되지 않는 것이 없다. 그렇지만 형체는 있으나 그것을 형용하기는 어렵고 들리기는 하나 그것을 목도하기는 어렵다."고 하였습니다.

이러한 지기를 김상일 선생은 "수운이 이해한 지기는 역설적이다. 어디에나 스며들어 포섭되는 요원이면서 어디서나 종속되거나 명하지 않는 것이 없는 부류격이다. 요원격으로 부분이면서 동시에 어디에도 종속되지 않는 부류격이라는 것이다. 이것이 바로 프레게가 말하는 포섭과 종속의 문제로 보는 것이다. 이와같이 역설적인 성격을 지닌다. 즉 부류격이 제 자신의 요원 속에 스스로 포함된다. 지기는 스스로 존재하며 창조하기도 한다. 자기조직을 한다. 그 이유는 제 자신이 요원이면서 동시에 부류이기 때문이다. 역설적일 때만

자기조직을 할 수 있다."라고 해석을 하였습니다. 마치 앞에서 이야기한 여울의 변화를 말하는 것처럼 생각했습니다.

    떠날 사람 다 떠난
    마을이다

    언제 찾아올지 몰라
    그 모르는 것 때문에
    너는
    쓸쓸하지 않았다

    까치밥이다
                     —「너는 쓸쓸하지 않았다」 전문

요사이 지구가 역설의 역동성을 잃어 그 기운이 예전 같지 않다고 합니다. 이러한 지구 환경의 변화로 코로나19와 같은 역병이 창궐을 하여 전 지구적으로 혼란을 일으켰다고 많은 사람들이 말합니다. 사람들의 대대적인 전환이 필요한 시대이지만 변하지 않고 있습니다. 오히려 도시화 집중은 가속화되고 마을은 점점 비어가고 있습니다. 이러한 사회적 변화는 우리의 삶을 통째로 바꾸며 그 근간이 되는 서로의 믿음을 사라지게 했습니다.

그러나 우리가 무시하고 숨어 있는 그 '모르는 것'을 역설적으로 기다리는 까치밥처럼, 그 미지의 것은 서로가 서로에게 믿음을 주고 그 변화를 통해 새로운 힘을 꿈꾸게 하고 있습니다. 부딪치지 않으면 변하지 않는 것을 알기에 그 숨겨 있는 너는 쓸쓸하지 않고 여유롭기까지 할 것입니다. 그 새로운 힘을 우리는 신명이라 하고 그 변화를 '신명곡선'으로 그려내고 있습니다.

3

금산농악에서 풍물을 치는 치배들은 모두 흔히 상모라는 전립을 쓰는데 다른 농악과 차이가 있는 점이라 할 수 있습니다. 금산에서는 상모라는 말 대신 '돌무'라고 합니다. 돌무를 돌리는 치배들을 보면 고개를 이용하는 것처럼 보이지만 사실 온몸으로 돌리고 있습니다. 온몸으로 돌려야 보는 사람도 좋고 제 자신도 좋아 제대로 놀 수가 있습니다. 온몸으로 논다는 것은 풍물을 치는 치배는 물론 그 자리를 함께하는 구경꾼들까지 다르면서 같고 같으면서 다른 묘한 감을 느끼지 못하면 이룰 수 없습니다. 우리는 이것을 신바람이라 합니다.

    애태우는 것들 모여
    하나하나 부르며 타오르는

섣달그믐 매굿 모닥불이다

돌무가 돈다 돌아라

고비 고비 한 고비 넘기려 돌무가 돈다

그려 앉아 있지 못하는 구경꾼들 덩달아

내고 달아 신명이 돈다

그렇게 돌고 돌다 보면 끝내

판이 판을 부르며 고비를 넘는다

고비 고비 넘어 타오르던 모닥불도

맺어야 하는 그때가 온다

풀어야 할

기다림

하얀 재로 타고 있다

─「모닥불」 전문

  금산농악에 매굿이 있습니다. 일 년 중 마지막 날인 섣달그믐날 밤에 묵은해를 보내고 새로운 해를 축원하는 굿입니다. 이루지 못한 일들을 돌아보고 오는 해의 꿈을 염원합니다. 그러므로 매굿은 일 년 중 마지막으로 치는 굿이자 처음으로 치는 굿이기도 합니다. 매굿을 치는 날이면 마을 전체가 모여 서로 좋지 않은 일들은 잊고 새해에는 부디 앞동산

뒷동산 새잎 돋아 오르듯 좋은 일들만 있기를 빌면서 모닥불을 놓습니다. 모닥불과 함께 시작된 판굿이 끝나고 나면 마지막으로 탈복굿이라 하여 그 자리에 있는 치배와 구경꾼이 모두 연기뿐인 모닥불을 넘으면서 매굿을 마치게 됩니다.

신명이 살아나면 없는 것도 마치 있는 것처럼 온몸으로 흥을 주체할 수 없습니다. 금산농악에서 돌무를 돌리는 놀이 중 마치 나비가 날아가는 모습이라 하여 '나비상'이러 부르는 돌무춤이 있습니다. 이 나비상의 몸짓에 우리 민족만의 신명 곡선이 숨어 있습니다.

우리의 자연은 봄, 여름, 가을, 겨울이 어김없이 돌아가고 돌아오는 변화의 힘이 있어 사람으로 하여금 근본으로 삼게 했습니다. 그리고 풍물은 이러한 자연의 변화를 담고 있습니다. 4계절을 상징하듯 4개의 방이 있고 하나의 방에 12달을 상징하듯 세 개의 방이 있어 모두 12각이 있습니다. 신명곡선에서는 "봄에 내고, 여름에 달아, 가을에 맺으면서 융합적으로 전환하여 겨울로 풀어내고" 있습니다.

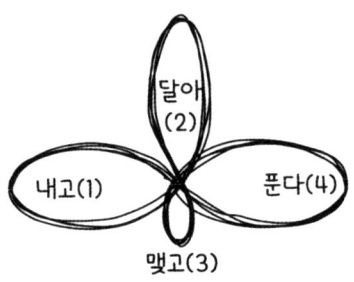

그림 1. 신명곡선의 흐름

신명곡선은 낸다는 경험이 달아 맺는 순간 상상으로 전환하는 과정을 보여줍니다. 그래서 '내고 달아 맺고 푸는' 4개의 단계는 '내고-달아·맺고-푸는' 3개 양상으로 다음과 같은 변화를 보입니다.

1	2	3	4	5	6	7	8	9	10	11	12
내고(1)			달아(2)			맺고(3)			푼다(4)		

그림 2. 신명곡선의 평면화

그리고 이것을 평면적으로 풀어 보면 다음과 같이 정리할 수 있습니다.

〈그림 1〉을 보면 내는 과정이 왼쪽 날개이고 푸는 것이 오른쪽 날개이고 달아 맺는 과정이 몸통이라고 볼 수 있습니다. 〈그림 2〉를 보면 전체를 한배라하고, 그 한배는 4개의 방으로 이루어져 있습니다. 그리고 그 4개의 방은 3개의 각으로 총 12개의 각을 이루는데, 그중 9번의 각이 내고 달아 맺는 순간 방향을 반대로 전환하여 풀고 있어, 내는 것과 푸는 것은 반대 일치로 서로 시작과 끝을 이루고 있습니다. 맺는 과정을 자세히 보면 내는 과정과 푸는 과정을 마무리하면서 다시 시작하게 하는, 즉 서로 원인과 결과가 되어 부딪치게 하고 있습니다. 이렇게 차이를 만들어 내며 부딪치면 부딪칠수록 힘이 실리고 힘이 실릴수록 신명이 솟아오릅니다. 이렇게 거듭나 저 자신도 주체할 수 없는 신명의 순간을 경험하게 합니다.

이러한 신명의 순간을 머리로 알 수 없었던 그 '무엇'을 온 몸으로 부딪치고서야 드러나는 것을 보고 비로소 알 수 있는 그런 세계 즉, '기화(氣化)'라고 합니다.

4

조선 시대 기철학자 혜강 선생은 활동운화와 글쓰기를 논한 「문장(文章)」에서 다음과 같이 '기화(氣化)'를 말하고 있습니다. "활동운화지기(活動運化之氣)를 보고 터득해 마음속의 활동운화지문기(活動運化之文氣)를 기르게 되면, 말을 하는 것마다 모두 영기(靈氣)를 드러내서…… 이것을 보는 사람이나 이것을 읽은 사람은 신기(神氣)가 흔들리어 움직이고 쉽사리 감통하게 된다. 이렇게 되면 문장을 쓰려고 애쓰지 않아도, 문장이 저절로 이루어진다. 문장이 진척되지 않는다고 걱정할 필요가 없고, 기화(氣化)가 길러지지 않는 것을 걱정해야 한다. 문장이 어찌 억지로 되고, 모방한다고 해서 이루어지겠는가."라고 하면서 기, 문기, 영기, 신기 등을 말하고 있습니다. 문장이 진척되지 않는다고 걱정할 것이 아니라 기화가 이루어지지 않는 것을 걱정해야 한다고 할 정도로 글쓰기의 중심에 '기화'가 있음을 역설합니다. 이처럼 신명과 신기 그리고 기화를 생각하면서 4개의 단계 3개의 양상으로 이루어지는 시의 서사 구조를 정리해 보고자 합니다.

금강 흘러흘러 내리다
양각산과 갈선산 사이 여울져 굽이친다
서로 부딪쳐 하얀 돌 옥양목 펼쳐 놓은 듯
명주포여울이다

물살 바뀌어 물소리 보이지 않고
보이는 것은 여기저기 돌뿐이었다
다르지만 모두 둥근 돌이다
무엇이 이토록 돌들을 둥글게 하였을까
세찬 물살이 그랬으리라
짐작처럼 사라진 물살이 남긴
다른 무늬들을 본다
돌과 물이 부딪쳐
물살이 되고 물소리가 되어 서로
새긴 생생한 무늬를 본다

참고 견디며 생생하게 살아 돌아보는
그러나 끝내 떠나보낸 그때처럼
너를 본 듯 바람이 분다

—「명주포여울에서」 전문

여울의 역설, 사과나무의 역설, 돌무의 역설, 활동운화의 역설은 하나이면서 여럿이고 다르면서 같은 보이지 않고 숨겨 있는 '너'라고 생각합니다. '너'는 거듭나는 기화이며 힘이고 생명이고 사랑이라 생각합니다. 기화는 반드시 맺을 때가 있으면 새롭게 풀어야 할 때가 있다고 합니다. 사람들은 이 변화를 무시하고 영원할 것으로 착각을 한다고 합니다. 이제는 저도 '명주포여울'처럼 바람을 온몸으로 받아들입니다.

너를 본 듯 바람이 분다

2024년 10월 7일 초판 1쇄 펴냄

지은이 _ 안용산
펴낸이 _ 양문규
펴낸곳 _ 詩와에세이

신고번호 _ 제2017-000025호
주　　소 _ (30021)세종특별자치시 조치원읍 충현로 159, 상가동 107-1호
대표전화 _ (044)863-7652,
팩시밀리 _ 0505-116-7653
휴대전화 _ 010-5355-7565
전자우편 _ sie2005@naver.com
공 급 처 _ 한국출판협동조합
주문전화 _ (02)716-5616
팩시밀리 _ (031)944-8234~6

ⓒ안용산, 2024
ISBN 979-11-91914-67-2 (03810)

* 지은이와 협의하여 인지는 생략합니다.
* 이 책 내용의 전부 또는 일부를 재사용하려면 반드시 지은이와
  詩와에세이 양측의 동의를 받아야 합니다.
* 책값은 뒤표지에 표시되어 있습니다.
* 본 도서는 충청남도, 충남문화관광재단의 후원으로 발간되었습니다.

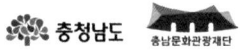